# 沙滩海域服务那些事儿

秦皇岛市旅游委员会 编著

中国轻工业出版社

## 图书在版编目（CIP）数据

沙滩海域服务那些事儿 / 秦皇岛市旅游委员会编著.
—北京：中国轻工业出版社，2017.11
ISBN 978-7-5184-1647-9

Ⅰ.①沙… Ⅱ.①秦… Ⅲ.①沙滩—旅游服务—岗位培训—教材 Ⅳ.① F590.75

中国版本图书馆CIP数据核字（2017）第242669号

责任编辑：史祖福　　责任终审：劳国强　　整体设计：锋尚设计
策划编辑：史祖福　　责任校对：晋　洁　　责任监印：张　可

出版发行：中国轻工业出版社（北京东长安街6号，邮编：100740）
印　　刷：北京君升印刷有限公司
经　　销：各地新华书店
版　　次：2017年11月第1版第2次印刷
开　　本：850×1168　1/32　印张：3.25
字　　数：81千字
书　　号：ISBN 978-7-5184-1647-9　定价：43.00元

邮购电话：010-65241695
发行电话：010-85119835　传真：85113293
网　　址：http://www.chlip.com.cn
Email：club@chlip.com.cn
如发现图书残缺请与我社邮购联系调换
171443J4C102ZBW

《秦皇岛市旅游行业服务规范培训动漫读本》编委会

主　　任：李文生
副 主 任：张力荣　李惟立
编　　委：栗书河　付　岗　郭　伟　杨立平　王文军　郭　颖

## 本书编写人员

主　　编：栗书河
副 主 编：王秀杰　张志辉
参编人员：王喜民　方志学　李冬梅

# 序

为建设质量管理城市及全域旅游示范城市，提升建设秦皇岛市旅游行业服务质量品牌，秦皇岛市旅游委员会在河北省第二届旅游发展大会的筹备期间，组织智库专家研究编制了"秦皇岛市旅游行业标准规范"系列执业质量管理文件，作为全市旅游业从业人员工作规范的指导标准及专业能力建设工作的基本依据。

为满足现代新生代旅游从业者的培训学习特点需求，切实发挥标准规范影响效力，秦皇岛市旅游委员会专门组建了"旅游行业服务规范培训动漫读本编委会"，按照饭店、旅游景区、旅行社、导游及沙滩海域系列策划设计了配套动漫插图，以互动鲜活的形式呈现，出版了本套专题图书。以培训形式改革创新，达到旅游行业培训工作效果扎实有效的目标。

本培训读本适合各类旅游企业人员培训及相关旅游专业院校学生基础学习使用，是旅游行业典型服务工作质量内训的参用资料。

秦皇岛市旅游委员会

2017 年 9 月 28 日

# 目 录

| | | |
|---|---|---|
| 第一部分 | 停车场服务规范 | 1 |
| 第二部分 | 售票服务规范 | 7 |
| 第三部分 | 检票服务规范 | 11 |
| 第四部分 | 衣物租赁服务规范 | 17 |
| 第五部分 | 寄存设施服务规范 | 21 |
| 第六部分 | 公共浴室服务规范 | 23 |
| 第七部分 | 海蜇防治服务规范 | 27 |
| 第八部分 | 沙滩海域救生服务规范 | 31 |
| 第九部分 | 沙滩环境维护服务规范 | 39 |
| 第十部分 | 厕所建造规范 | 45 |

| 第十一部分 | 医护服务规范 | 49 |
| 第十二部分 | 安保服务规范 | 55 |
| 第十三部分 | 信息服务规范 | 61 |
| 第十四部分 | 咨询服务规范 | 65 |
| 第十五部分 | 商品经营者服务规范 | 73 |
| 第十六部分 | 餐饮服务规范 | 79 |
| 第十七部分 | 娱乐服务规范 | 87 |
| 第十八部分 | 投诉受理服务规范 | 91 |

# 第一部分
# 停车场服务规范

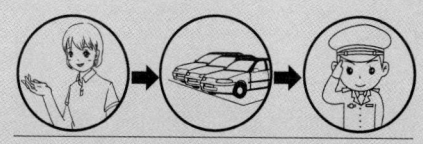

本规范规定了停车场工作人员的服务要求，适用于停车场工作人员的培训与考核。

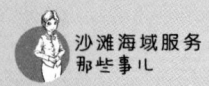

## 停车服务操作流程

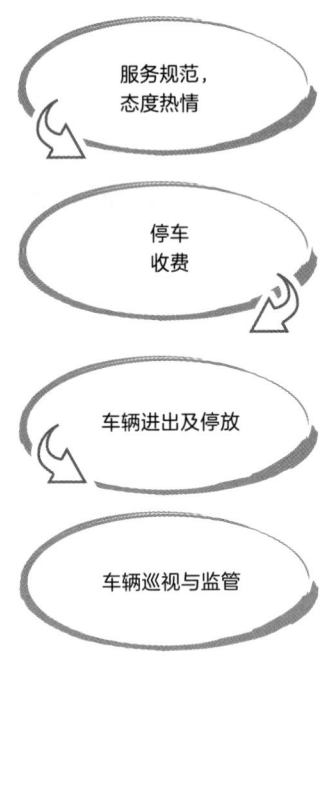

服务规范，态度热情

停车收费

车辆进出及停放

车辆巡视与监管

## 规范内容一　停车场服务要求

**1. 服务规范，态度热情**

停车场工作人员应佩戴明显标志，使用普通话和礼貌语言服务，态度热情。

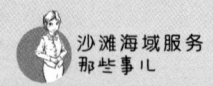

2. 停车收费

（1）停车场工作人员应熟悉停车场的收费标准，礼貌提示游客停车收费。

（2）停车场应收费合理，明码标价，并出具正式票据。

3. 车辆进出及停放

（1）停车场工作人员应熟悉停车场环境，做到车辆分类停放，整齐有序。

（2）熟练指挥车辆进出及停放，保持车道畅通，不发生堵塞现象。

4. 车辆巡视与监管

（1）停车场工作人员应做好车辆的巡视检查和看管工作，提高防火防盗意识，确保场内车辆和公共设施的安全。

（2）若发生车辆碰撞、剐蹭、损坏和丢失等情况，应立即报告有关部门，按相关程序处理。

第一部分
停车场服务规范

规范内容二 **停车场标准**

（1）应设置与浴场规模相适应的专用停车场。
（2）面积较大的停车场分设出入口，出入口并设得要有进出口方向标识。
（3）停车场内应设监控设备。
（4）对大小车辆进行分区管理，并且大车小车分开标识。
（5）停车场应有专人管理，保障游客车辆安全。
（6）在入口位置设立是否收费公示。
（7）有明确的停车线，方向指示标志。
（8）收费停车场要管理规范，明码标价，收费合理。
（9）停车场内设置足够数量的垃圾桶，垃圾桶应和周围环境融为一体。

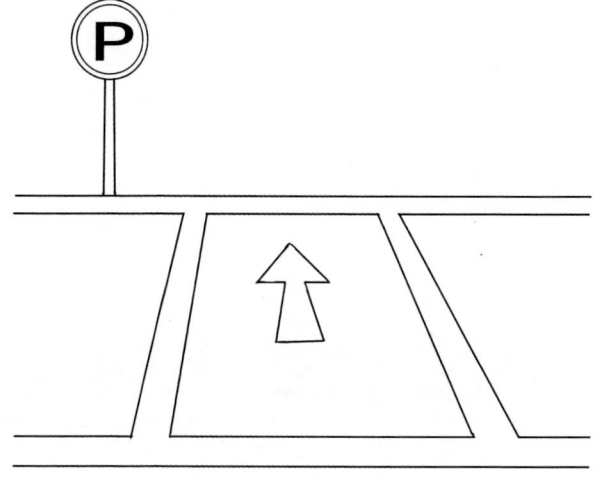

## 规范内容三 其他注意事项

车辆在停车场停放期间,停车场工作人员应提醒司机关好车辆门窗,勿将贵重物品留在车内。若发现车身有损伤痕迹,应及时向司机说明和确认,并做好登记工作。

# 第二部分
# 售票服务规范

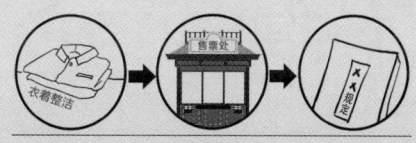

本规范规定了售票工作人员的服务要求，适用于售票工作人员的培训与考核。

## 售票服务流程

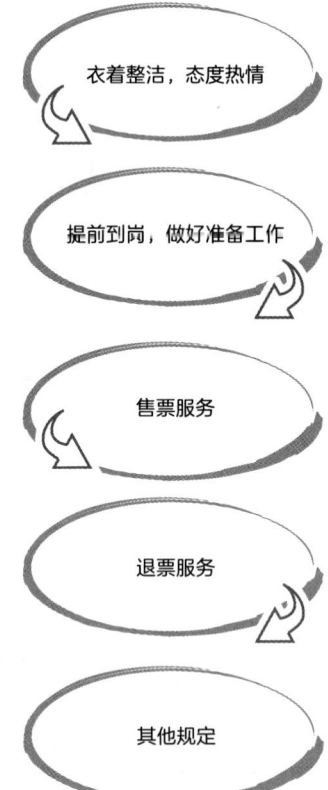

衣着整洁,态度热情

提前到岗,做好准备工作

售票服务

退票服务

其他规定

## 规范内容一　售票服务要求

1. 衣着整洁，态度热情

售票服务人员应衣着整洁，姿态端正，态度热情，使用普通话服务，使用礼貌语言，保持良好的风貌。

2. 提前到岗，做好准备工作

（1）售票服务人员应提前到岗，做好售票前的准备工作：整理好磁卡，保证磁卡平整完好。

（2）备妥充足的零钱。

（3）熟悉各种票券的价格、折扣和使用办法。

3. 售票服务

（1）售票处应公示门票价格及优惠办法，售票人员应主动向游客解释景区的票价优惠政策，耐心、热情地解答游客提出的各种咨询。

（2）售票时做到唱收唱付。票、款当面点清，主动招呼游客并使用"您好""请问购几张票"等礼貌用语，游客超过等候时间要使用"对不起"，购票结束后，将票、款一同递到游客手中，并说"请拿好"。

（3）对特殊人群提供必要的方便。

（4）应迅速、准确售票，误差率不超过万分之五。

4. 退票服务

游客购错票或多购票，在售票处办理退票手续，售票人员应按景区有关规定办理，如确不能办理退票的，应耐心、礼貌地向游客解释。

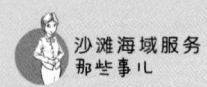

5. 其他规定

（1）售票人员应熟练掌握景区的免票规定，对持有效免票证件的游客给予免票。

（2）对于不符合免票规定的游客，售票人员应给予耐心、礼貌地解释，如遇到难以解决的问题，应及时上报相关部门。

### 规范内容二　其他注意事项

当游客出现冲动或失礼时，售票人员应保持克制态度，杜绝与游客发生口角。

# 第三部分
# 检票服务规范

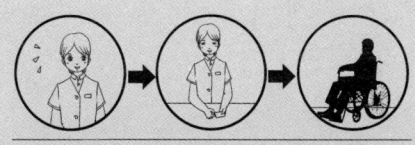

本规范规定了检票工作人员的服务要求,适用于检票工作人员的培训与考核。

## 检票服务工作流程

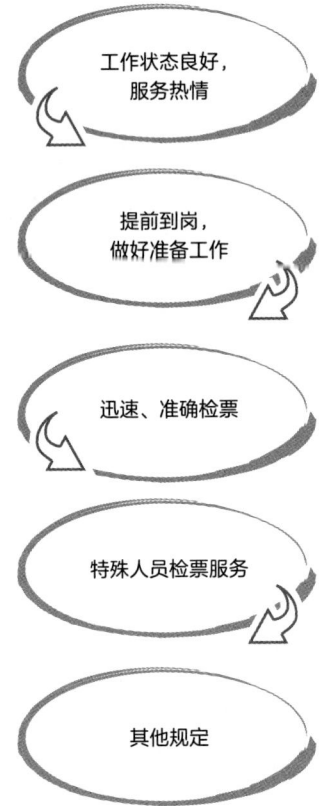

工作状态良好,服务热情

提前到岗,做好准备工作

迅速、准确检票

特殊人员检票服务

其他规定

## 规范内容一 检票服务要求

**1. 工作状态良好,服务热情**

保持良好的工作状态,站姿端正,面带微笑,服务热情,使用标准普通话及礼貌用语。

**2. 提前到岗,做好准备工作**

(1)提前到岗,准备好检票工具和设施,按规定时间准时开始检票。

(2)熟悉本景区规定的各种票券的使用方法,迅速、准确验收票券。

**3. 迅速、准确检票**

(1)看见游客到检票口主动招呼,并使用规范礼貌用语"您好,欢迎光临××沙滩浴场"。

（2）站在检票位，查验其门票的真伪和有效性，指导游客有序进入，防止门禁设施夹伤游客。

（3）主动提示游客插卡，如游客由于插卡影响后面的游客，服务人员主动上前打招呼"对不起，请稍后"，同时使用肢体语言引导游客顺利通过检票口。

4．特殊人员检票服务

老弱病残等特殊游客进入景区时，检票人员应给予必要协助。

5．其他规定

（1）检票人员应熟练掌握景区的免票规定，对持有效免票证件的游客放行。

（2）对于持无效证件、不符合免票规定的游客，检票人员要使用礼貌语言，耐心解释，避免与游客发生冲突，并说服游客重新购票。

## 规范内容二　其他注意事项

（1）遇到团队游客在检票口等候时，要主动上前解说门票卡的检票方法，以便游客了解验票过程及门票卡使用后的重复利用，并提供快速的检票服务，做好游客的清点工作。

（2）游客流量较大时，检票人员应主动疏导游客，确保出入口无拥挤混乱现象。

（3）即使在游客较多时，也应使用和蔼的语气进行疏导，不能以不耐烦的口气催促游客快走或推拉游客。

（4）检票过程中如遇到难以解决的问题，应及时报告有关部门。切忌在众多游客面前争执，引起景区秩序混乱。

# 第四部分
# 衣物租赁服务规范

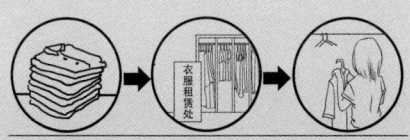

本规范规定了衣物租赁工作人员的服务要求，适用于衣物租赁工作人员的培训与考核。

## 衣物租赁服务工作流程

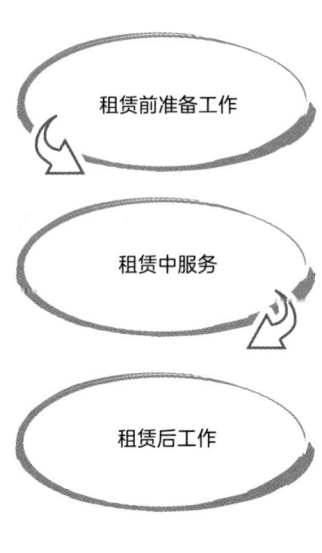

租赁前准备工作

租赁中服务

租赁后工作

第四部分
衣物租赁服务规范

 衣物租赁服务要求

1. 提前到岗，做好准备工作

衣物租赁处服务人员应提前到岗，做好相应的迎宾准备工作，检查所有物品是否完好。

2. 租赁中服务

（1）主动对带有较多物品以及急需提供服务的游客进行服务。

（2）物品租赁价格合理，明码标价，要向游客介绍使用办法，需要时应主动协助。

（3）游客寄存物品时应当面点清，物品存入寄存柜内锁好。

（4）将寄存牌交予游客并提醒游客注意保管。

3. 租赁后工作

（1）对使用后的租赁物品进行清洗。

（2）定期对无法使用的租赁物品进行清理。

### 规范内容二 其他注意事项

（1）严禁出租游泳衣、游泳裤，防止疾病传染。

（2）当游客需要特殊旅游工具时要详细介绍，并办理相关手续。

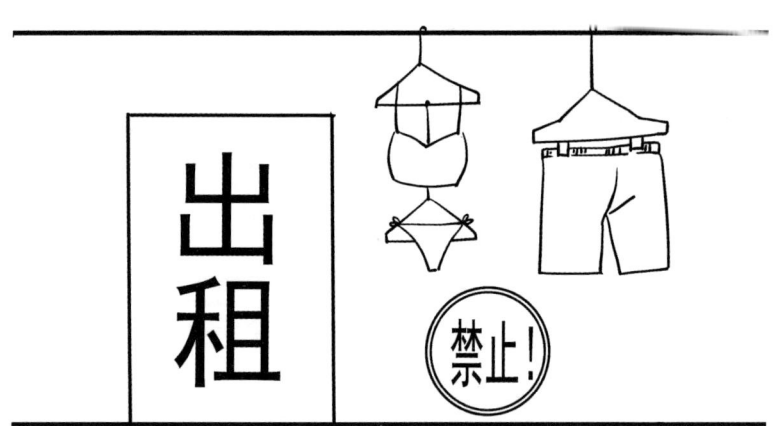

# 第五部分
# 寄存设施服务规范

本规范规定了寄存设施的要求。

**寄存设施服务标准**

（1）浴场内应设置一定比例的物品寄存设施，供游客寄存。
（2）寄存处应有相关人员进行管理，防止游客财物丢失。
（3）收费寄存处收费应符合国家收费标准。

# 第六部分
# 公共浴室服务规范

本规范规定了公共浴室的设置要求。

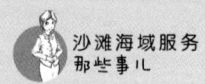

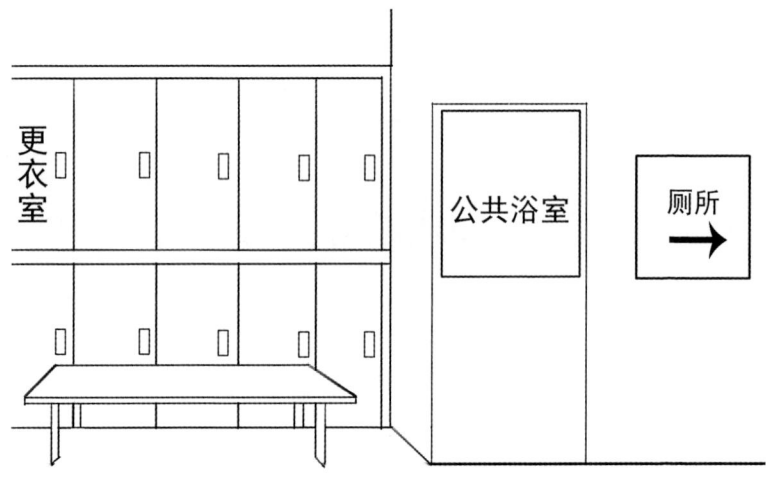

**公共浴室服务标准**

（1）公共浴室应设有更衣室、浴室、厕所和消毒等房间。

（2）更衣室（包括兼作休息室）必须有保暖、换气设备，地面要防渗、防滑。更衣室内配备5～10个吹风机供游客使用。

（3）浴室应设气窗，保持良好通风，气窗面积为地面面积的5%。

（4）浴室地面坡度不小于2%，屋顶应有一定弧度。

（5）浴室内应配备足够数量的喷头。
（6）浴室内不设公用脸巾、浴巾。

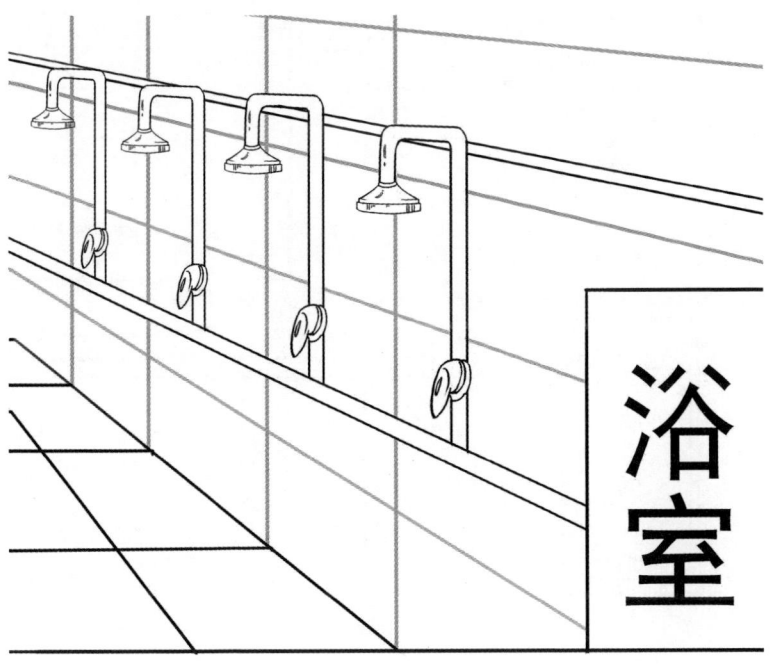

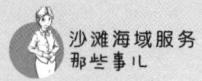

（7）浴室内及其卫生间应及时清扫、消毒，做到无积水、无异味。
（8）浴室内配备足够数量的垃圾桶供游客使用。

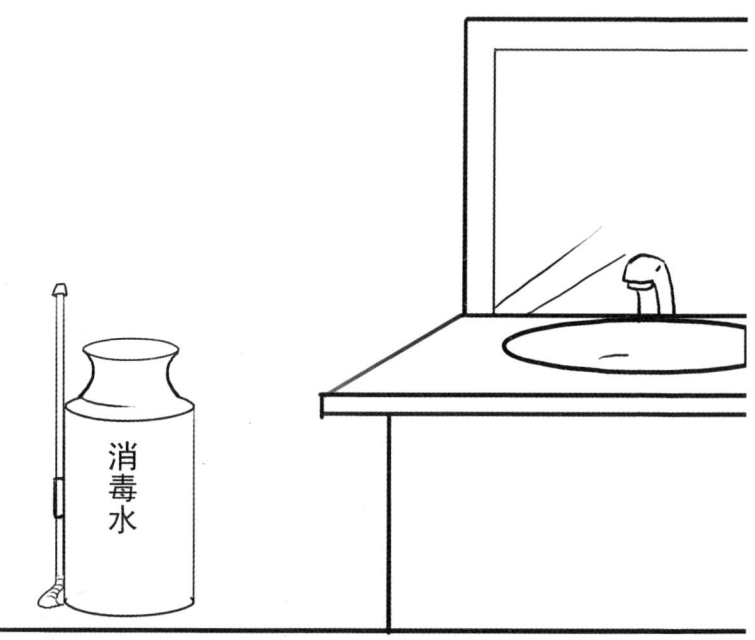

# 第七部分
# 海蜇防治服务规范

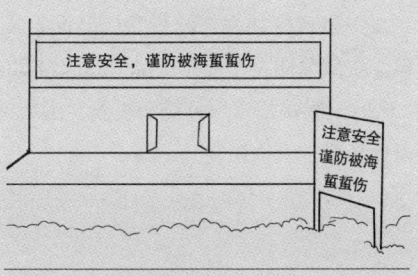

本规范规定了海蜇防治的工作要求。

　　（1）浴场应安排专人专项负责海蜇救治工作，编制浴场海蜇蜇伤救治工作预案，开展专项演练及应急培训，提升蜇情处置能力。

　　（2）浴场应加强与海蜇蜇伤救治定点医院的联系，形成联动机制，一旦发生危急情况，及时送治，确保游客生命安全。

　　（3）浴场每日做好预防海蜇安全运行情况检查，做好防治海蜇设施、设备检查维护及值班巡查记录。

（4）浴场要密切监测蜇情，发现蜇情立即上报海洋渔业部门。

（5）设置海蜇防治宣传和警示标识，充分利用LED显示屏、游客中心触摸屏、浴场区域安全警示牌、宣传海报、温馨提示单等多种载体，加大对海蜇伤人危险性及预防和急救措施等知识的宣传普及力度。

（6）利用浴场广播设备播放相关信息，时刻提醒游客注意海边游泳活动安全和游客一旦发生安全事件后如何处置的方式方法。

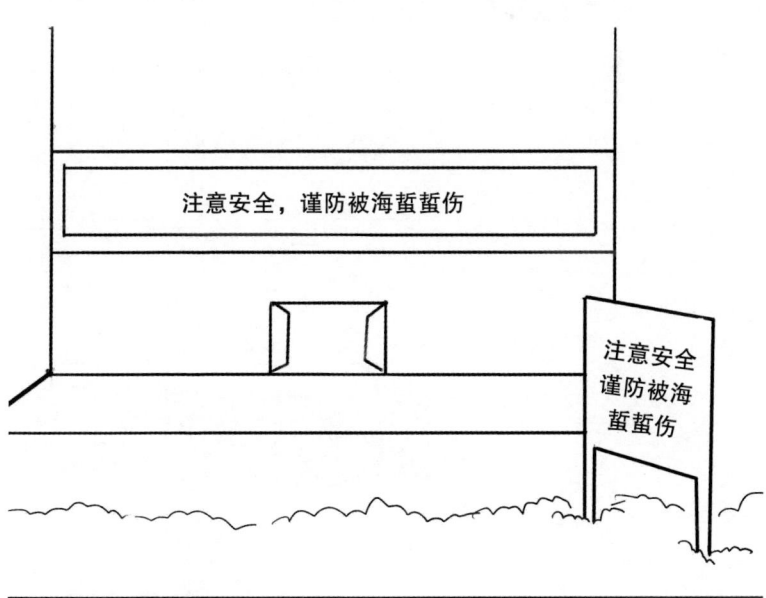

（7）浴场应设置加密防鲨网，使用网眼小于等于5厘米×5厘米的细眼防鲨网，同时，在水面上设立高40厘米的浮漂和立网，提高拦截海蜇的能力。

（8）配置网抄、铁锹等海蜇捕捞清除工具，日常每两小时开展一次浴场巡视，拦网内发现海蜇应及时捕捞和清除。

（9）浴场要配备充足的5%～10%的碳酸氢钠溶液、明矾水或1%氨水等处置海蜇蜇伤的急救药品，浴场工作人员及个体经营者配备随身携带的明矾随时救助被海蜇蜇伤的游客。

（10）建立绿色通道，确保被蜇伤游客及时送治。发现皮肤损伤面积大、全身反应严重的海蜇蜇伤较为严重的游客第一时间送往海蜇蜇伤定点医院救治。

# 第八部分

# 沙滩海域救生服务规范

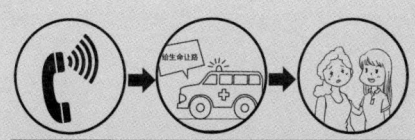

本规范规定了海滩域救生服务人员的服务要求,适用于沙滩海域救生服务人员的培训与考核。

## 沙滩海域救生服务操作流程

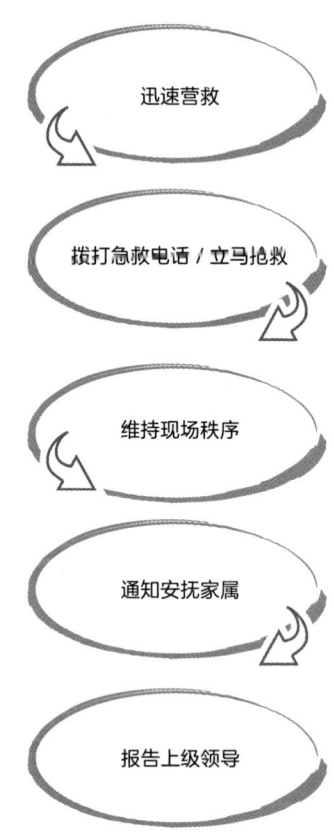

迅速营救

拨打急救电话 / 立马抢救

维持现场秩序

通知安抚家属

报告上级领导

# 第八部分 沙滩海域救生服务规范

## 规范内容一 沙滩海域救生服务要求

（1）巡视员或救生员一旦发现有人溺水，判断溺水者情况后，可充分利用救生器材（救生圈、杆、绳）营救溺水者，在离岸较近距离发生溺水事件时，可用手将溺水者施救上岸。如溺水者无意识应实施水中营救，立刻跃入水中，一手拉住溺水者的头发或将另一只手反抱住溺水者的两个腋窝，将溺水者拖到岸上，同时呼叫同事（另一名救生员）协助。

（2）如溺水者不省人事（无声音，手脚不动），救生员应负责以下工作：

一名救生员对溺水者进行抢救，将溺水者平放在地面上，身体平直无扭曲，将溺水者头侧向一边，清理口腔异物，压头抬颚，保持头向后，然后进行人工呼吸。吹两口气，再对溺水者的心脏按压30次，直到溺水者恢复呼吸或医院救护人员到来。另一名救生人员负责打120急救电话，说清楚出事地点。

（3）维持现场秩序，控制围观人群，并尽快有序地将游客清场，让沙滩海域保持正常秩序。

（4）了解溺水者家庭及联系电话情况，指挥中心或救生员及时负责通知家属，安抚家属。

（5）在得到溺水者的抢救结果后将事情报告上级领导。

## 规范内容二 沙滩海域游泳区标准

（1）泳区分界范围根据海域的自然条件和人流条件设定，一般以40米×60米作为基本标准。必须用纺鲨网划分泳区范围。

（2）泳区必须设有救生员和危险预警预报、瞭望台、救生艇、救生衣、救生绳、救生哨、救生圈、对讲机、广播站、望远镜、急救药箱、浮球、警示旗（红色表示危险，绿色表示安全）、手电筒、照明设施、禁止牌（中英文）、游泳须知、泳区安全须知等，落实各项安全防范措施，确保游泳人员的安全。

（3）浴场与周边环境设有隔离带或缓冲区。

（4）根据沙滩范围大小和游客的需要，设置一定数量的沙滩凉亭、饮水点、冲洗池。

（5）加强泳区卫生保护措施，设立分类垃圾桶。

备注：

（1）泳区内必须用浮球划分泳区范围，使泳区界线明确清晰，方便游客辨认。定期对浮球进行清洁。

（2）救生艇长度不低于5米，动力不低于5匹马力。

（3）救生衣与救生圈数量应按照日最大游客次数的2%~5%准备。

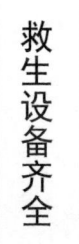
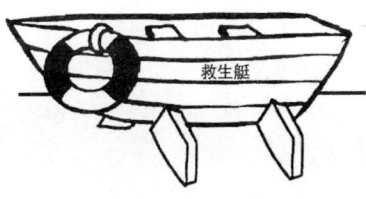

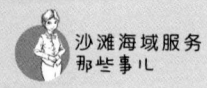

（4）每隔适当距离设立一座固定的瞭望台。救生员与瞭望台瞭望人员应每人配备单独的对讲机与望远镜。

（5）警示牌应该符合国家标准，禁止牌必须安装醒目、符合国家标准，安全有效。

（6）游泳须知，泳区安全须知的设置必须醒目，在游客量过大时，需滚轴播放安全广播，对游客起到提示、告知的作用。

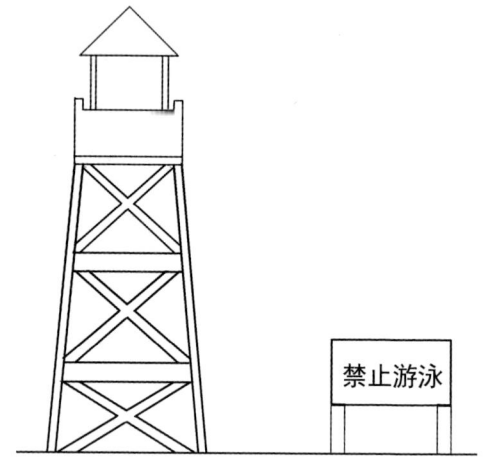

（7）开辟夜间泳区的经营单位必须设置充足的夜间照明条件，配备相应的管理人员和救生人员加强巡逻和管理。

（8）垃圾桶的位置应该设计合理，每隔20～30米放置一个垃圾桶，方便游客扔垃圾。垃圾桶应该区分回收/不可回收。垃圾桶容量不能过小，外表美观，能和景观环境相协调，给游客美的享受。垃圾箱周围应有固定人员定时清扫。

## 规范内容三　其他注意事项

（1）海滩巡视人员需配备口哨对远离安全水域等有其他危害安全行为的游客鸣哨以起到警示的作用。

（2）救生员在工作时间应密切关注游泳区域内的游客情况，提醒游客在安全区域内游泳，负责正确地引导游客下海游泳。

（3）救生员要定时向管理人员汇报海上情况。

# 第九部分
# 沙滩环境维护服务规范

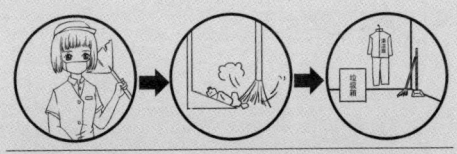

本规范规定了沙滩环境维护工作人员的服务要求,适用于沙滩环境维护工作人员的培训与考核。

## 沙滩环境维护服务操作流程

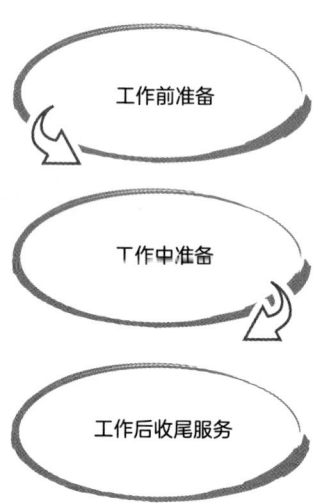

工作前准备

工作中准备

工作后收尾服务

# 第九部分 沙滩环境维护服务规范

## 规范内容一 沙滩环境服务要求

1. 工作前准备

（1）自我检查 检查仪容仪表、出勤以及分配工作任务情况。

（2）物品准备 环境维护人员根据工作任务准备工具、清洁剂等。

2. 工作中服务

（1）每日根据需要清洁沙滩多次，清扫过的沙滩每平方米不得有直径大于3厘米的纸屑和杂物。

（2）个别重点地段在清扫后跟踪保洁，及时捡起游客丢弃的纸屑、烟头、果皮及海浪冲上岸的杂物、树枝等。

（3）随时对游客提示有关环境保护事项。

（4）发现沙滩有不平整之处，应及时弄平整；当沙滩出现油渍污染时，要集中清理。

（5）每周对沙滩至少筛滤一次，筛滤后的沙滩不得有直径大于3厘米的杂物和石块。

3. 工作后收尾服务

（1）物品检查　环境维护人员认真检查清洁工具等是否齐全；清洁后应清洗工具，归还到指定地点。工具摆放应注意：发给个人的工具随人走，公共工具应放回固定工具房，所有工具不得随意乱摆放。

（2）交接工作　环境维护人员认真向上级做好交接工作，清洁后应及时向上级汇报清洁结果。

## 规范内容二 其他注意事项

（1）一切拾获物品要交公，严禁私留。

（2）夜间作业时必须着反光安全背心。

（3）卫生保洁不得漏扫、扬扫；垃圾应归拢、归堆、随扫随收；垃圾不得扫入绿化带、花坛及海域。

（4）禁止焚烧垃圾。

（5）沙滩保洁要求目视沙滩无烟头纸屑、瓜果皮核、竹扦；无塑料包装袋、石头砖块、玻璃片、人畜粪便、无潮汐漂浮物等明显垃圾；全天候保持深度为15厘米以内的沙滩中不得存有竹扦、石块、铁钉等易对游客造成伤害的杂物。海域保洁应确保水面无垃圾、无浮苔等漂浮物。

（6）海水浴场封闭期间保洁标准按照城市公共空间日常保洁标准执行。

我来简单说几句
……

# 第十部分
# 厕所建造规范

本规范规定了厕所建造的相关要求。

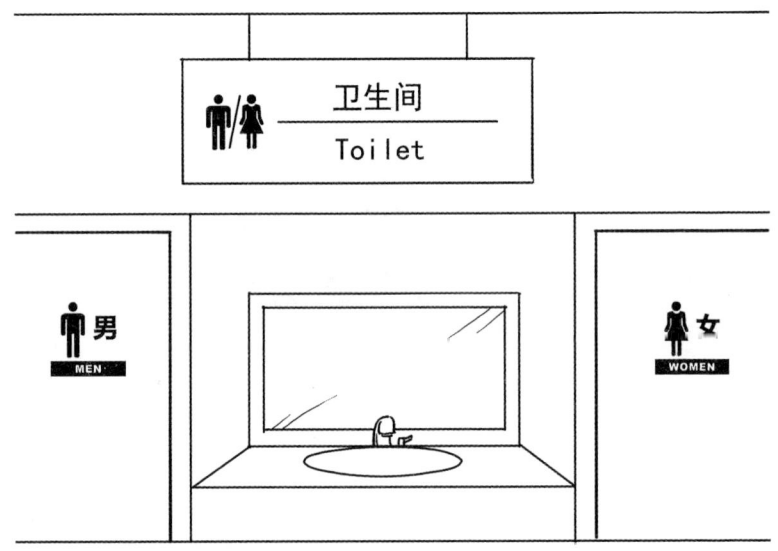

1. 标志

（1）厕所指向牌与厕所标牌应该为中英文对照，有明确的指向性，位置醒目。

（2）厕所男女标志应符合国家标准图形。

（3）厕所内应明确标出坐蹲指示牌。

（4）文明用厕宣传牌，需为中英文对照，标识语气柔和，易于游客接受。

（5）在厕所入口处、厕所门上、洗手处设有盲文标识。

2. 厕所便利

（1）厕所出入口需有轮椅进出坡道。

（2）大门及厕所内部设立盲道。

（3）厕所内地面应该防滑。

（4）设置老年人厕位、残疾人厕位。

（5）女厕内应设立婴儿卫生台与母婴独立卫生间。

3. 厕位标准

（1）男女厕比例、坐蹲位设立比例合适。

（2）厕所隔间内应设相应的辅助设施（充足的手纸、垃圾桶、挂衣钩、置物台，设立马桶的厕位应放置消毒液，供游客擦拭马桶圈）。

4．厕所洁净标准

洗手间应设立足够数量的净手与干手设备，净手设备如感应式水龙头和洗手液，干手设备如擦手纸巾和感应式烘手器。

5．厕所整体环境与氛围

（1）厕所内应设提高环境的艺术装饰灯等，并备有应急灯。

（2）保持厕所内环境整洁，可以焚厕所专用香以净化空气。

（3）厕所内应该保持良好的采光通风。

（4）清洗时禁止使用含磷的洗涤剂。

# 第十一部分
# 医护服务规范

本规范规定了医护人员的服务要求,适用于医护人员的培训与考核。

## 医护服务操作流程

工作前准备

工作中服务

工作后服务

规范内容一 **医护服务要求**

1. 工作前准备
（1）自我检查　检查仪容仪表、出勤情况。
（2）物品检查　医护人员检查所需的医疗物品等是否齐备。
（3）环境准备　医护人员要保持就医环境整洁、安静。
2. 工作中服务
（1）询问病情　医护人员应用温和的态度与病人进行沟通询问病情。
（2）诊治服务　医护人员对病人进行专业的诊治与救护。
（3）开药服务　如需药物辅助，医护人员需认真负责地对症下药。
（4）叮嘱服务　在诊疗结束后，医护人员应小心地叮嘱病人应注意的事项，使病人尽快回复。
（5）建立档案　医护人员在进行诊疗结束后应建立病人档案，保留存档。
3. 工作后服务
（1）物品检查　医护人员认真检查医疗设备等是否齐全。
（2）交接工作　医护人员认真向上级做好交接工作，及时向上级汇报工作情况。

## 规范内容二　其他注意事项

（1）设立医务室，拥有浴场救护必要的医疗设施和医护人员，医疗救护人员应是具有医士职称以上资格的医生和训练有素的护理人员。

（2）在浴场的开放时间，有医疗救护人员值班，为游客进行一般性突发病痛的诊治和救护。

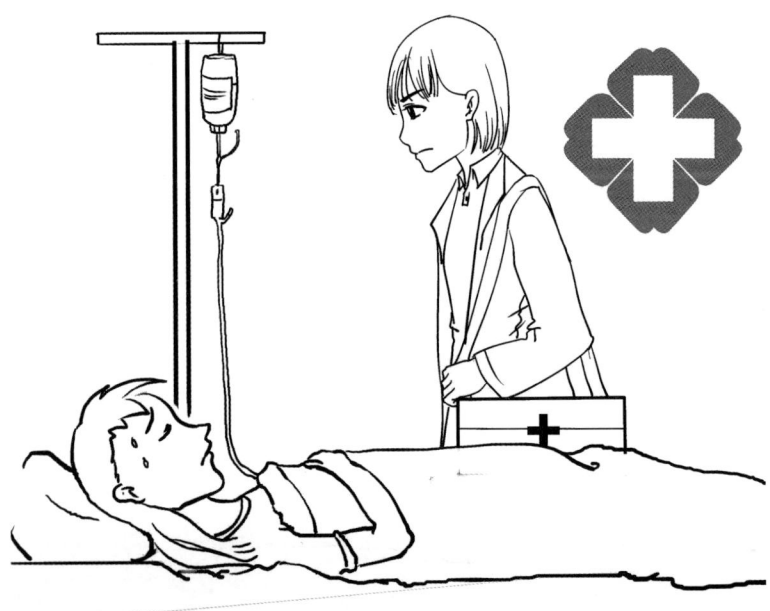

(3)一旦发生意外伤害事故,医疗救护人员应立即赶往事故现场,对伤病员进行紧急抢救。

(4)医疗救护人员应认真负责,严格遵守诊疗常规,严防发生医疗事故。

(5)理性消毒要按照《GB19085—2003商业、服务业经营场所传染性疾病预防措施》要求执行。

(6)急救药箱 除其他必备急救药外,要准备定量的1%氨水或1%碳酸氢钠液、明矾;口服抗过敏药物,如非那根25毫克/次,或扑尔敏4毫克/次等;静脉点滴1%葡萄糖酸钙液10毫升,或地塞米松5~10毫克;血压下降时,肾上腺素0.5~1毫升等药物以防海蜇蜇伤。

(7)与附近医院建立合作协议,提升抢救速度。

我来简单说几句……

# 第十二部分
# 安保服务规范

本规范规定了安保人员的服务要求,适用于安保人员的培训与考核。

## 安保服务操作流程

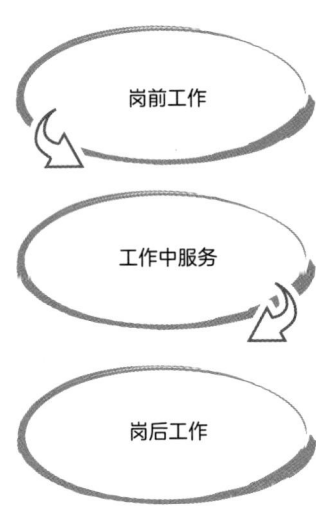

岗前工作

工作中服务

岗后工作

 安保服务要求

1. 岗前工作

（1）岗前自我检查，做到按规定着装，仪容仪表整洁。

（2）做好工作交接，了解当班的任务情况，并填写工作交接表。

（3）加强日常安全管理，确保消防、防盗、救护等设备齐全完好，运行正常，无安全隐患。

2. 工作中服务

（1）当班期间，坚守岗位、坚持文明服务，礼貌待人，始终保持良好的精神状态。

（2）做好值班登记。

（3）浴场安全人员要密切关注游客的安全状态，适时提醒游客注意安全，及时纠正和阻止游客的不安全行为。

（4）游览旺季和游人拥挤时，浴场内安全人员要安排专人负责疏导，必要时限制游客流量，防止发生游客意外伤害事故。

（5）发生安全事故后，浴场安全人员应按照安全预案在第一时间启动救援机制，有效开展救援，并及时向有关部门报告。

3. 岗后工作

做好交接班工作，并填写工作交接表，交接未完成工作。

## 第十二部分 安保服务规范

### 规范内容二  其他注意事项

（1）浴场内要建立健全安全管理制度，安排专人负责安全工作。

（2）浴场安全人员要认真贯彻执行公安、交通、劳动、质量监督、安检、卫生、林业、水利、旅游等有关部门制定和颁布的安全法律法规，并抓好落实。

（3）涉及安全的特种设备操作、机动车辆驾驶、紧急救援人员，应取得相应的岗位证书。

（4）浴场安全人员要定期参加安全培训，提高安全意识和应急救援能力。

（5）浴场安全人员要定期组织安全检查，发现安全隐患立即整改。对暂时不能解决的，应采取有效措施，确保不发生安全事故。

（6）浴场安全工作人员要定期召开安全生产工作会议，并做好会议记录，建立整套的安全生产工作档案。

（7）浴场安全人员要制订安全应急预案和完善紧急救援机制，并定期组织开展旅游安全事故应急预案演练，提高应对突发事故的处理能力，发生事故时处理要及时、妥当，并做好档案记录。

（8）浴场公共区域应设置安全通道，确保畅通无阻，狭窄、危险地段应设保护围栏和警示标志，特殊地段应有专人看守。

# 第十三部分
# 信息服务规范

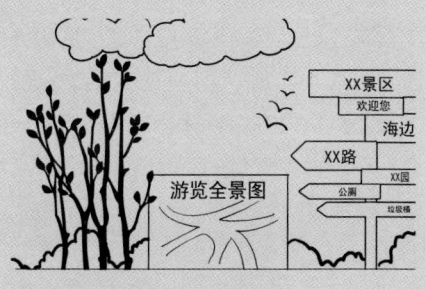

本规范规定了信息服务的要求。

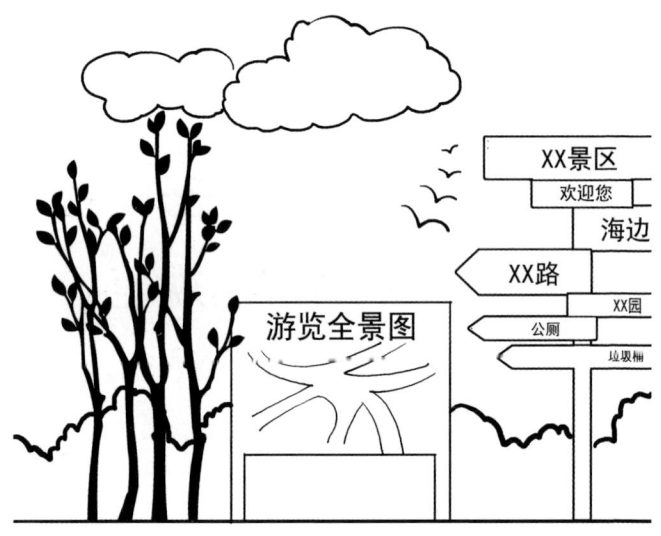

1. 标识设施

海水浴场内外的各种标识（包括导游全景图、导览图、标识牌、景物介绍牌、安全警示等）造型特色突出，艺术感和文化气息浓厚，能烘托总体环境，且设置合理。

2. 广播设施

（1）应提供覆盖浴场服务范围的中外文广播，对浴场游客进行安全提示和游览、购物指导；播音员发音标准，播放内容简练、清晰、易懂。

（2）广播内容包括背景音乐、海洋天气预报、游泳安全须知、泳区简介、环境保护宣传、海滩注意事项、紧急通知、提醒泳区游客上岸冲浴等。

（3）提供广播找人服务，对前来找人、寻物的游客应以积极热情的态度予以配合，提供及时的播音服务，至少重复播放三次以上。

3. 网络信息

（1）浴场经营单位应建立面向公众的网站或网页，提供公共信息服务，保证信息的准确与及时。

（2）网站或网页应提供浴场服务项目价格、开放时间、浴场位置、乘车路线、浴场地图、问讯电话、浴场最佳游览时间、游览注意事项、天气预报和自然灾害等基本信息。

（3）网站或网页应及时更新所在地道路改线、浴场特色活动、浴场维修等信息，网络信息传递符合国家标准。

# 第十四部分

# 咨询服务规范

本规范规定了咨询服务人员的服务要求,适用于咨询服务人员的培训与考核。

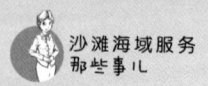

## 当面咨询服务操作流程

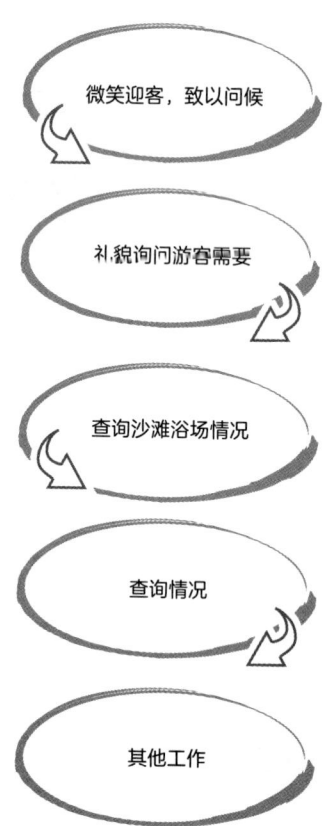

微笑迎客，致以问候

礼貌询问游客需要

查询沙滩浴场情况

查询情况

其他工作

 ## 当面咨询服务工作要求

1. 微笑迎客、致以问候

当看到游客距前台1.5米至2米处时，微笑问候。如"您好！欢迎光临！"声音柔和自然，语调上扬，面带微笑，神态亲切。

2. 礼貌询问游客需求

答复游客的问询时，应做到谈吐得体，有问必答，不得敷衍了事，言谈不可偏激，避免有夸张言论。

3. 查询情况

查询沙滩浴场情况：对熟悉的情况，随问随答；对不清楚的问题，请游客稍等，查询后给予答复；对不清楚，又一时查不到的信息，向游客说明，并向游客道歉。

4. 其他工作

随时收集游客感兴趣、经常查询的信息资料列入知识手册，便于日后工作。

## 电话咨询服务工作流程图

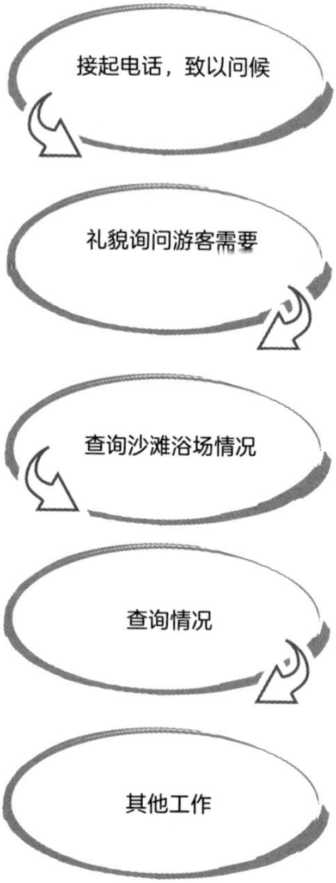

- 接起电话,致以问候
- 礼貌询问游客需要
- 查询沙滩浴场情况
- 查询情况
- 其他工作

# 电话咨询服务工作要求

1. 接起电话，致以问候

铃响三声内接起电话，清晰快速报出名称或岗位名称，声音柔和自然，语调上扬。

2. 礼貌询问游客需求

答复游客的问询时，应做到谈吐得体，有问必答，不得敷衍了事，言谈不可偏激，避免有夸张言论。

### 3. 查询情况

查询沙滩浴场情况：对熟悉的情况，随问随答；对不清楚的问题，请游客稍等，查询后给予答复；对不清楚，又一时查不到的信息，向游客说明，并向游客道歉。通话完毕，互道再见并确认对方先收线后再挂断电话。

### 4. 其他工作

随时收集游客感兴趣、经常查询的信息资料列入知识手册，便于日后工作。

## 规范内容三　游客中心场所设置标准

（1）游客中心应设在主入口附近，方便醒目的地点或者设在游客集中活动的区域。

（2）游客中心的标识应醒目，造型、色彩、外观与景观相协调。

（3）游客中心的规模面积应适应游客需要。

（4）需在游客中心外明示免费服务项目。

（5）在游客中心内应设置电脑触摸屏，供游客了解景区内各项景点、设施及服务。

（6）游客中心内需有影视播放系统循环播放景区宣传片等内容。

（7）提供本景区的宣传资料，比如宣传单、宣传手册和免费纪念品等。

（8）有相应的工作人员提供咨询服务。

（9）游客中心内需提供浴场线路地图等。

（10）游客中心内需设置游客投诉服务台。

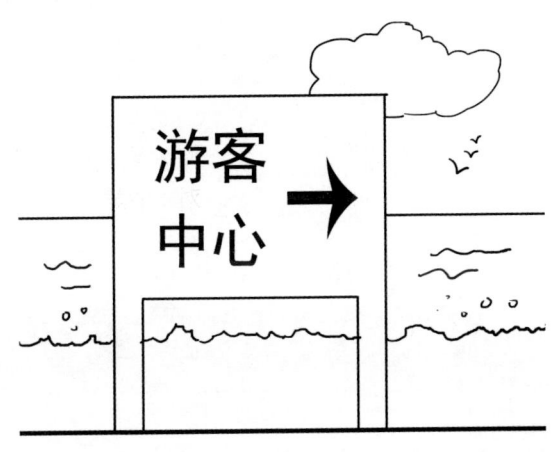

我来简单说几句
……

# 第十五部分
# 商品经营者服务规范

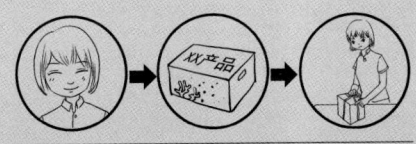

本规范规定了商品经营者的服务要求,适用于商品经营者的培训与考核。

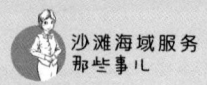

## 商品经营者服务操作流程

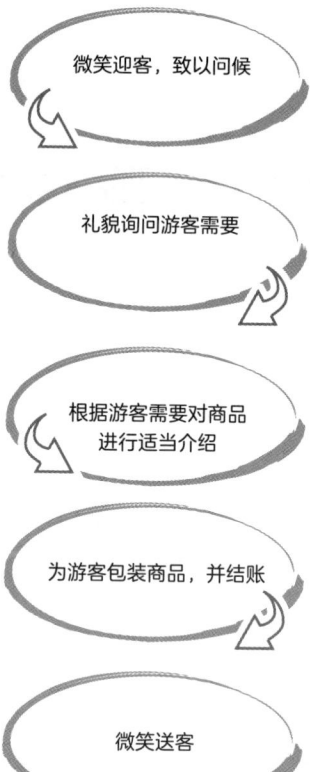

微笑迎客,致以问候

礼貌询问游客需要

根据游客需要对商品进行适当介绍

为游客包装商品,并结账

微笑送客

# 第十五部分 商品经营者服务规范

## 规范内容一 商品经营服务要求

**1. 准备工作**

穿着景区规定的统一工装；保持工装整洁，无异味，无污点。保持购物场所环境整洁，秩序良好。注意自己的着装和仪容仪表，善于与游客沟通。

2. 微笑迎客，致以问候

看到游客距前台1.5米至2米处时，微笑问候。如"您好！欢迎光临！"声音柔和自然，语调上扬，面带微笑，神态亲切。

3. 礼貌询问游客需要并根据游客需要对商品进行适当介绍

观察游客状态并选择服务方式，做到适度服务；对于那些喜欢自己一人了解挑选商品的游客，我们可以提供较少的服务，只有在其需要我们的介绍时才进行介绍，不使其觉得繁琐；对于那些喜欢通过工作人员了解商品的游客，我们可以积极为其介绍，帮助游客选择商品。

4. 为游客包装商品并结账

对于那些选中商品的游客，我们应该为商品进行适当包装并且为**游客结账**。收找零钱时应注意，避免收到假币和多收、少找游客钱，以免造成对景区或游客的损失。

5. 微笑送客

游客购买商品与否，在游客离店时都要微笑送别，并对游客说"欢迎您下次光临。"

## 规范内容二 购物场所设置标准

（1）浴场内的购物场所布局合理，与环境协调。
（2）有统一管理措施和手段，包括质量管理、价格管理、计量管理、售后服务管理等。
（3）商品经营者要诚信经营，不得尾随兜售，强买强卖。
（4）商品货真价实、明码标价，突出本地区特色。
（5）旅游商品的经营应符合 GB/T16868 的规定，保障人体健康与安全。

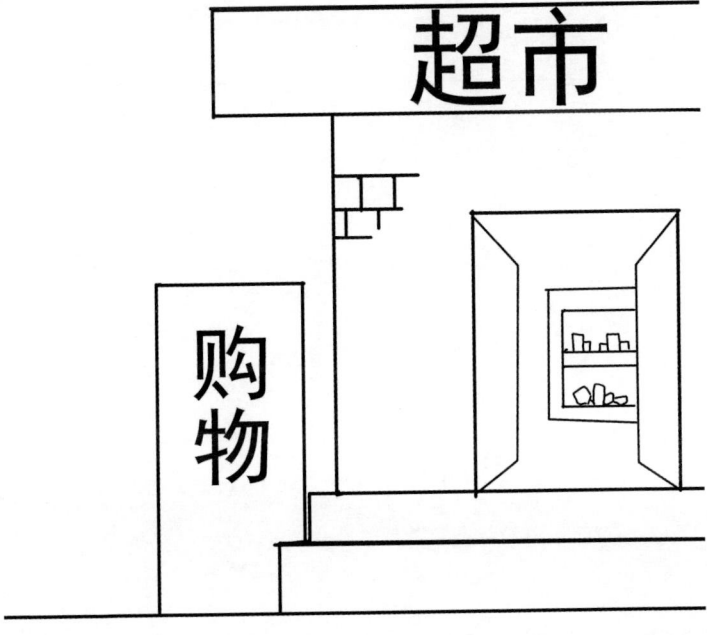

# 第十六部分
# 餐饮服务规范

本规范规定了餐饮服务人员的服务要求,适用于餐饮服务人员的培训与考核。

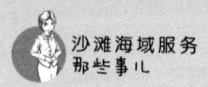

## 餐饮服务人员工作操作流程

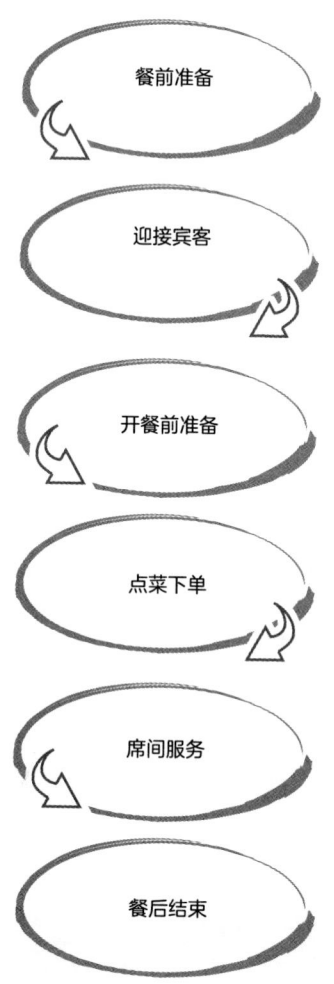

餐前准备

迎接宾客

开餐前准备

点菜下单

席间服务

餐后结束

# 规范内容一 餐饮服务人员工作要求

1. 餐前准备

按餐厅要求整理仪容仪表，接受任务，整理环境，准备餐台。

2. 迎接宾客

（1）开餐前十分钟按标准姿势站在指定位置，面带微笑迎接游客的到来。

（2）当游客距离服务员3米远时，热情问候，询问游客是否有预订及用餐人数。

（3）将游客引领到适当位置，协助值台服务员拉椅让座，并递上菜单和酒水单请游客翻阅。

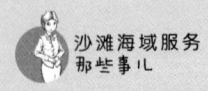

### 3. 开餐前准备

（1）值台服务员按游客人数上小毛巾，再为游客打开餐巾，除去筷套。

（2）问位开茶，按照茶水八成满的标准为游客斟倒。

（3）增撤餐位，左手托盘，右手将多余的餐具放置在托盘中取走或用托盘取来需要增置的餐具，右手摆放在餐桌空位。

### 4. 点菜下单

位于游客右后侧接受游客点菜，打开菜谱第一页双手呈递到游客面前。左手拿点菜宝站在游客右后侧约0.5米处，面带微笑关注游客，随时推销菜品或回答游客的提问。点菜完毕，向游客推销酒水，重复菜单和酒水单，请游客确认并致谢，并询问游客上菜时间。将菜谱收回，放回服务台中。

5. 席间服务

（1）游客如点酒水，应先将酒水取来，检查无误后为游客斟倒。

（2）及时为游客上菜，根据先凉菜，后热菜、汤菜、主食、甜食、水果的顺序依次上菜，并提供相应的服务。

（3）游客用餐过程中，随时为游客添加酒水；撤换餐具，撤换烟灰缸及小毛巾。

（4）询问游客是否需要添菜加酒。

6. 餐后结束工作

（1）当游客提出结账时，提前为游客准备好账单，问清游客付款方式，及时为游客结账。

（2）征求意见　将账单及零钱送还游客时，微笑询问游客就餐感受，对游客提出的意见或建议表示感谢，对用餐中给游客带来过不便表示歉意。

（3）拉椅送客　游客起身时，帮助游客拉开椅子，并提醒游客不要遗落物品。将游客送出餐厅门外，向游客道别并欢迎游客再次光临。

（4）返回餐桌　迅速检查游客是否有遗留物品，如有，及时赶上归还游客。按照正确撤台顺序进行清理。按照先布草，后玻璃器皿，再小件餐具，再普通餐具，后菜盘的顺序依次撤下。

## 规范内容二　中餐零点服务注意事项

（1）中餐零点服务游客多而杂，各种需求不一，到达时间交错，工作量大，所以要求服务人员随时做好迎接游客的准备，并有针对性的为游客提供个性化服务。

（2）服务时应注意女士优先原则。

（3）点菜时应询问游客需求，帮助游客推荐最为满意的菜品。

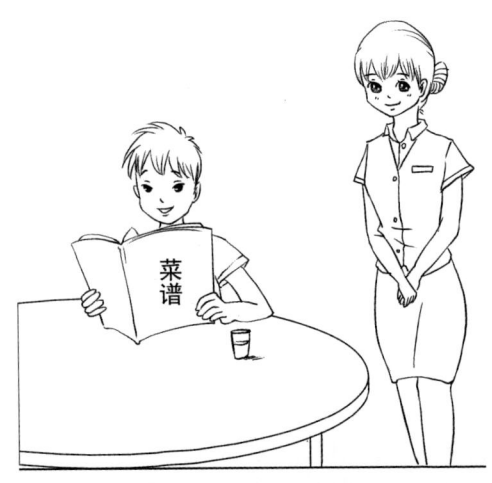

## 规范内容三　餐饮服务场所设置要求

（1）餐饮场所外观设计应与周围环境相融合，外观设计可以融入当地特色。

（2）餐饮场所面积应按照游客数量适当设置。

（3）露天餐饮场所应为游客提供遮阳避雨设施。

（4）从事餐饮相关企业应当取得国家认可的经营许可证方可为游客提供餐饮服务，餐饮从业人员应当取得健康证才允许上岗就业。

（5）餐饮企业应明码标价，不得强买强卖。

# 第十七部分
# 娱乐服务规范

本规范规定了娱乐服务人员的服务要求,适用于娱乐服务人员的培训与考核。

## 娱乐服务人员工作操作流程

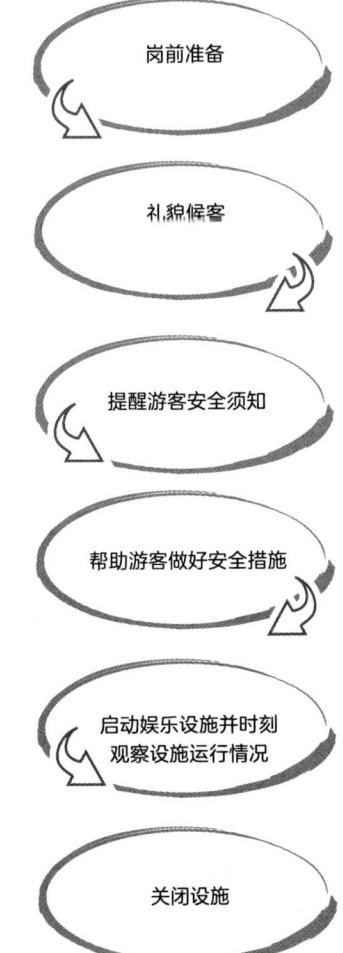

岗前准备

礼貌候客

提醒游客安全须知

帮助游客做好安全措施

启动娱乐设施并时刻观察设施运行情况

关闭设施

# 第十七部分
## 娱乐服务规范

1. 岗前准备

换好工作装，佩戴好工牌。认真打扫工作环境周围的卫生。对所管辖设备按日检内容进行逐项检查，确认正常后，试机不少于三次，填写日检表，做好接待游客的准备。

2. 礼貌候客

对前来游玩的游客主动打招呼，引导游客进入等候区，维护周边秩序，避免发生拥挤混乱等情况。

3. 提醒游客安全须知，帮助游客做好安全措施

充分利用广播系统向游客告知娱乐设备注意事项并有效引导游客将易脱落物品归放在指定位置。对不符合游乐条件的游客进行劝导，建议

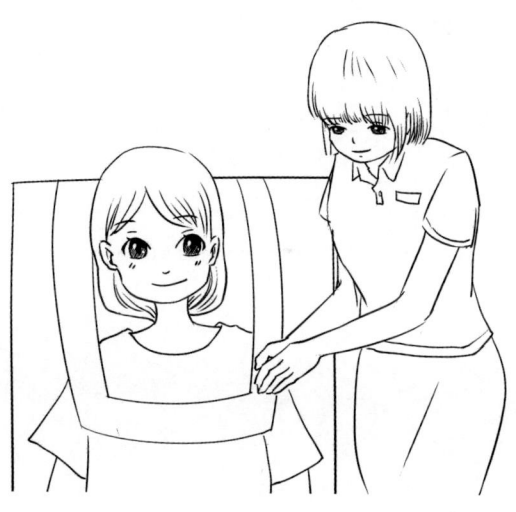

换成其他项目。检查游客的安全防护装置是否安全到位、有效、确认场地无闲杂人等，保证设备本身载荷均匀，适度。

4．启动娱乐设施并时刻观察设施运行情况

设备运转过程中，注意观察游客动态和设备运行状况，发生异常及时采取应急措施，并及时上报。

5．关闭设施

设备运行结束后，主动提示游客携带好随身物品，疏导游客依次离开。保持场地无游客滞留，做好场内的保洁工作，为下次开机做好准备。工作人员保管好未认领的财物并及时联系客服部处理，严禁将游客遗失的财物占为己有。

# 第十八部分
# 投诉受理服务规范

本规范规定了投诉处理人员的服务要求，适用于投诉处理人员的培训与考核。

## 投诉处理人员工作操作流程

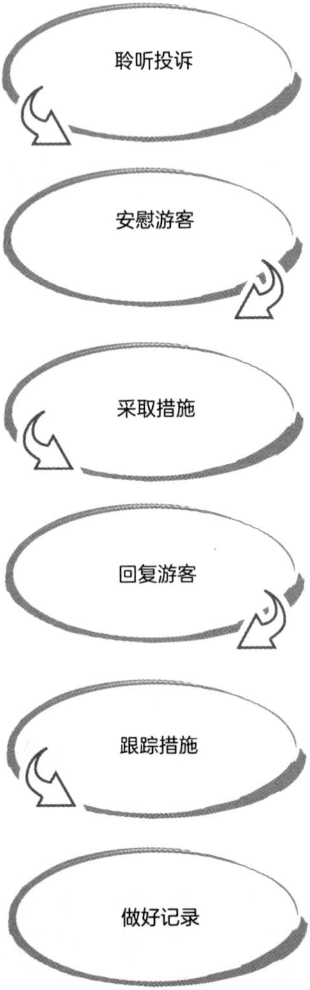

- 聆听投诉
- 安慰游客
- 采取措施
- 回复游客
- 跟踪措施
- 做好记录

## 规范内容一 投诉处理人员工作要求

1. 聆听投诉

冷静耐心地倾听游客投诉全过程，保持目光接触以表示尊重，询问游客姓名，就关键点进行记录。

2. 安慰游客

以真诚对游客的感受表示同情，并对游客表示歉意，因为无论性质如何，要理解游客，告诉景区会立刻采取措施。

3. 采取措施

涉及其他部门的投诉需联系其他部门管理者，要督促其解决，如果不能解决问题需及时跟进，如有必要可直接向游客做出承诺。

4. 回复游客

及时跟进,将结果及时传达给游客。

5. 跟踪措施

询问游客对解决的问题程度是否满意。

6. 做好记录

将游客的问题,解决的过程记录在案。

注意:

1. 游客叙述时,应集中注意力倾听,并适时的提出问题,这样可以在较短的时间内弄清事情的经过,提高办事效率。

(1)要让游客把话说完,不能胡乱说话,随便打断游客的讲述。

(2)对游客讲话时要注意语调、语气、音量的大小。

(3)表情要认真严肃,不能随便发笑,以免让游客误会。

2. 记录要点

要在游客叙述的过程将有关要点如游客投诉的内容、游客的姓名等记录下来,以作下一步解决问题的资料和原始文件。同时,这样做也是向游客表示自己代表景区所采取的郑重态度是把游客的喜怒哀乐放在重要位置,以游客的利益为重。

3. 对游客表示同情和理解

在游客叙述的过程中,要为游客照相,对游客的感受、反映表示理解,用温和的语言安慰游客,但不要急于把问题往自己身上揽,只能以朋友的身份对游客的遭遇表示同情。

4. 把准备采取的措施告诉游客,征求游客的意见

根据所发生事情的性质,迅速确定一个解决方法,并向游客提出解决的方法,征询游客的意见。

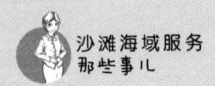

5. 向游客如实说明解决问题所需花费的时间

负责解决问题的员工,根据问题的简易程度估计其解决的时间,最好是一个具体的时间,然后告诉游客。

6. 对游客反映的问题及时解决

除极个别人,游客投诉最终是为了解决问题。因此,对游客的投诉应及时着手解决。必要时应请相关人员协助。

7. 对处理结果给予关注

接待投诉的员工,往往不能直接去解决问题;但应对处理结果进行跟踪,给予关注,确定游客的问题是否给予解决。

8. 询问游客对于投诉处理结果的意见

解决投诉问题以后,应该与其再进行联系。周到的服务与关心会使游客感到景区对其所投诉的问题是十分重视的。